KRAMMER

FLEISCHLOSE HAUSMANNSKOST

Stocker

Annemarie Krammer

Fleischlose Hausmannskost

Gesunde Genüsse

Leopold Stocker Verlag
Graz – Stuttgart

Umschlaggestaltung: Atelier Geyer, Graz
Umschlagfoto: GUSTO•DIAS
ORAC Zeitschriftenverlag Ges.m.b.H., 2380 Perchtoldsdorf
Alle übrigen Fotos: Iris Vollgruber, Graz

Die Deutsche Bibliothek – CIP-Einheitsaufnahme

Krammer, Annemarie:
Fleischlose Hausmannskost : Gesunde Genüsse / Annemarie Krammer –
Graz ; Stuttgart : Stocker, 1998
ISBN 3-7020-0822-5

Hinweis:
Die zum Schutz vor Verschmutzung verwendete Einschweißfolie ist aus Polyethylen chlor- und schwefelfrei hergestellt. Diese umweltfreundliche Folie verhält sich grundwasserneutral, ist voll recyclingfähig und verbrennt in Müllverbrennungsanlagen völlig ungiftig.

ISBN 3-7020-0822-5

Printed in Austria
Gesamtherstellung: Druckerei Theiss GmbH, A-9400 Wolfsberg

INHALT

VORWORT

Heutzutage verzichten immer mehr Menschen auf den Genuß von Fleisch. Sie entdecken, daß man auch fleischlos gut speisen kann. Diese Entwicklung hat mehrere Ursachen: Einerseits ist das Gesundheitsbewußtsein vieler Menschen stark gewachsen, andererseits sind in den letzten Jahren vermehrt Krankheiten aufgetreten, die durch den Verzehr von Fleisch verstärkt und sogar übertragen wurden.

Wenn Sie gerne neue Rezepte ausprobieren, traditionelle Kochkunst mit gesunder, wohlschmeckender Ernährung verbinden wollen und Ihnen fleischlose Speisen, aber nicht streng vegetarische, schmecken, dann werden Sie in diesem Kochbuch vieles entdecken, das Sie gerne für sich und andere zubereiten. Folgen Sie Schritt für Schritt den Arbeitsanleitungen bis zum tatsächlichen Genuß!

Verwerten Sie altes Brot für eine köstliche Brotsuppe, überraschen Sie Ihre Lieben mit Champignons mit Tofuwürfeln, Gemüsespießen, einer Maispizza, Erbsenschotensalat, lassen Sie sich den Spinatstrudel mit Hüttenkäse auf der Zunge zergehen, und bereiten Sie für Naschkatzen beschwipste Spaghetti oder einen Erdbeertraum zu. Sie werden neue Freude am Kochen bekommen und Lob für Ihre Kreativität ernten! Mahlzeit!

Viele Rezepte sind sowohl für den täglichen Bedarf als auch für anspruchsvolle Einladungen gedacht. Sie sind, wenn nicht anders angegeben, für vier Personen berechnet.

Gutes Gelingen und viel Appetit wünscht Ihnen

Graz, Sommer 1998 *Annemarie Krammer*

Suppen

Bauernsuppe

80 g Weizenschrot	in
1/2 l heißem Wasser	eine Stunde lang einweichen.
1 feingehackte, kleine Zwiebel	in
1 EL Margarine	weich dünsten.
100 g grobgehackte Walnüsse	und
	den abgeseihten Weizenschrot zu den Zwiebeln in den Topf geben, mit
3/4 l Gemüsebrühe	aufgießen und ca. 20 Min. weich dünsten.
2 EL Sauerrahm	mit
1/2 TL Kartoffelstärke	gut verrühren und in die Suppe einrühren. Alles einmal aufkochen lassen und mit
feingehackter Petersilie	
Salz, Pfeffer	abschmecken.

TIP
Sie können den Weizenschrot auch am Vorabend in kaltem Wasser einweichen.

BOHNENSUPPE

1 mittelgroße Zwiebel	und
1 Knoblauchzehe	fein hacken und mit
1 EL Öl	in einem Topf anrösten.
1 große Karotte	sowie
1/4 Sellerieknolle	würfelig schneiden und zu den Zwiebeln geben. Alles mit
3/4 l Gemüsebrühe	aufgießen und bißfest kochen.
1 rote Paprikaschote	fein nudelig schneiden.
1 Dose rote Kidneybohnen	abseihen und mit den Paprikastreifen zur Suppe geben. Mit
Majoran, Salz, Pfeffer	abschmecken und alles ca. 5 Min. köcheln lassen.
	Mit frischem Weißbrot servieren!

TIP
Statt der Kidneybohnen können Sie auch jede andere Bohnensorte verwenden!

BROTSUPPE

3 Semmeln (Brötchen)	und
3 Scheiben Schwarzbrot	würfelig schneiden.
1 kleine Zwiebel	fein hacken, in
1 EL Butter	andünsten und darin die Semmel- und Brotwürfel durchrösten. Mit
1 l Gemüsebrühe	aufgießen, einmal aufkochen lassen.
	Die Suppe pürieren, mit
Salz, Kümmel, Muskat	würzen.
	Kurz vor dem Servieren
3 EL Schlagobers	unterrühren und mit
gehacktem Schnittlauch	bestreuen.

TIP
Sie können auch nur 3/4 l Gemüsebrühe und 1/4 l trockenen Weißwein verwenden!

Gemüsesuppe

750 g würfelig geschnittenes, gemischtes Gemüse (Kartoffeln, Karotten, Sellerie, Lauch, Kohlrabi, Erbsen,...)	werden in
1 l Gemüsebrühe	mit
2 Lorbeerblättern	bißfest gekocht. Um die Suppe zu legieren, gibt man einen großen Schöpflöffel davon in ein hohes Gefäß und püriert diese Menge.
1 EL Butter	Mit
1 EL feingehackten Kräutern	
Salz, Pfeffer	abschmecken.

TIP
Wollen Sie der Suppe eine italienische Note verleihen, rühren Sie 1 EL Tomatenmark unter und servieren Sie Parmesan zum Bestreuen!

GERSTENSUPPE

100 g Gerste	über Nacht in Wasser einweichen und am nächsten Tag die Gerstenkörner weich kochen.
1 große Zwiebel	fein schneiden und in
1 EL Butter	anrösten.
2 Karotten	in Scheiben schneiden und zu der Zwiebel geben, mit
3/4 l Gemüsebrühe	weich kochen.
	Die gekochte Gerste mit
3 El Tomatenmark	verrühren und in die Zwiebel-Karotten-Mischung einrühren. Mit
Salz, Pfeffer	würzen.
	Vor dem Servieren mit Schnittlauch bestreuen!

TIP
Anstelle der Karotten können Sie 100 g gemischtes Gemüse (auch tiefgefroren) verwenden!

Grünkernschrotsuppe mit Karotten

100 g Grünkernschrot	werden mit
10 EL Gemüsebrühe	verrührt.
3 Karotten	und
1 Lauchstange	in Scheiben schneiden und mit
100 g Erbsen	in
ca. 1 l Gemüsebrühe	bißfest kochen.
	Dann den Grünkernschrot unterrühren und alles zusammen bei schwacher Hitze ca. 5 Min. köcheln lassen. Mit
Muskatnuß, Salz, Pfeffer, Kräutern	würzen.

TIP
Nehmen Sie statt Grünkernschrot auch geschroteten Dinkel oder Buchweizen!

HAFERFLOCKENSUPPE MIT EI

4 EL feine Vollwert-haferflocken	in
1 EL Butter	anrösten. Mit
1 l Gemüsebrühe	aufgießen und gut verquirlen. Die Suppe ca. 5 Min. köcheln lassen. Mit
Salz, Pfeffer	abschmecken.
1 Ei	verschlagen und in die heiße Suppe gießen. Noch einmal aufwallen lassen.
	Mit Petersilie bestreuen und servieren.

HAFERSUPPE MIT GEMÜSE

1 Stange Lauch	waschen und in Scheiben schneiden.
1 große Karotte	würfeln.
1 weiße Rübe	fein hacken.
	Das Gemüse in
2 EL Pflanzenöl	andünsten.
2 EL Haferflocken	dazugeben und durchrösten. Mit
ca. 1 l Gemüse-brühe	aufgießen, ca. 15 Min. leicht köcheln lassen und mit
Salz, Pfeffer Muskat, Thymian	abschmecken.

KARFIOLCREMESUPPE

1 Rose Karfiol (Blumenkohl)	putzen, zerteilen und mit
1 feinwürfelig geschnittenen Kartoffel	in
1 l Wasser	weich kochen.
1 EL Butter	in die Suppe geben. Mit
Salz, Pfeffer, Aromat	würzen.
2 EL Sauerrahm	dazugeben und alles fein pürieren.

TIP
Sie können den Karfiol durch Brokkoli ersetzen oder die halbe Menge Karfiol und die halbe Menge Brokkoli nehmen.
Besonders cremig wird die Suppe, wenn Sie Kräuter-Crème-fraîche anstelle des Sauerrahms verwenden!

KNOBLAUCHSUPPE

5 Zehen zerdrückter Knoblauch	werden in
1 l Salzwasser	kurz aufgekocht.
2 Eier	mit
4 EL Milch	und
2 EL Mehl	glattrühren. Das Knoblauchwasser langsam unter ständigem Rühren zur Eimischung gießen, alles aufkochen lassen und mit etwas Essig säuern. Sollten sich Klümpchen bilden, mit dem Mixer durchrühren.
	Mit gerösteten Semmelstücken servieren!

KNOBLAUCHSUPPE MIT CURRY (KALT)

1 große Zwiebel	fein hacken und mit
4 gehackten Knoblauchzehen	in
2 EL Pflanzenöl	dünsten, ohne zu bräunen. Mit
2 EL mildem Curry	stäuben. Mit
1 l Gemüsebrühe	aufgießen und zum Kochen bringen. Den Saft
1/2 Zitrone	
Salz, Pfeffer	
etwas Tabascosauce	
1 Lorbeerblatt	beifügen und zugedeckt ca. 15 Min. köcheln lassen.
100 ml Sahne	mit
1 TL Speisestärke	verrühren und zur Suppe gießen. Einmal aufkochen lassen. Gut gekühlt mit Weißbrot servieren.

TIP: Am besten am Vortag zubereiten!

Kräuterfrittatensuppe

Aus

2 Eiern
200 ml Milch
50 ml Wasser
120 g Vollwertweizenmehl
2 EL gemischten Kräutern

und

Salz

einen Palatschinken- (Pfannkuchen)teig zubereiten und 15 Min. rasten lassen. Dann in leicht befetteten Pfanne dünne Palatschinken herausbacken. Diese rollen und fein nudelig schneiden.

Die Frittaten auf den Tellern anrichten und mit heißer Suppe übergießen.

TIP
Am besten die doppelte Menge Frittaten zubereiten und geschnitten einfrieren!

KÜRBISCREMESUPPE

1 feingehackte Zwiebel	in
1 EL Butter	glasig anlaufen lassen.
250 g Speisekürbis	und
1 mittelgroße Kartoffel	würfelig schneiden, mit
7/8 l Gemüsebrühe	und
1/8 l trockenem Weißwein	aufgießen und weich kochen.
	Mit
Salz, Pfeffer	und
1 zerdrückten Knoblauchzehe	würzen.
3 EL Schlagobers	dazugeben und alles pürieren.
	Mit gerösteten Kürbiskernen garniert servieren.

TIP
Die Suppe erhält eine pikante Note, wenn Sie mit der Zwiebel auch 1 TL feingehackten frischen Ingwer anrösten.

LAUCHSUPPE MIT KÄSE

2 große Stangen Lauch	putzen und in feine Ringe schneiden.
2 mehlige Kartoffeln	würfelig schneiden.
	Lauch und Kartoffeln in
1 EL Butter	glasig anlaufen lassen, in
1 l Gemüsebrühe	weich kochen.
1 Bund Petersilie	fein hacken.
200 g Gorgonzola (oder einen anderen Blauschimmelkäse) ohne Rinde	in Würfel schneiden.
	Den Käse in die Suppe geben und unter Rühren auflösen. Die Petersilie ebenfalls dazugeben und alles kurz aufkochen lassen.
	Mit
Salz, Pfeffer	abschmecken.

TIP
Statt der Petersilie können Sie auch gemischte Kräuter verwenden!

LINSENSUPPE

200 g Linsen	in
1 l kochendem Wasser	1 Stunde einweichen und anschließend weich kochen (dies kann auch am Vortag erfolgen).
1 mittelgroße, feingehackte Zwiebel	
1 zerdrückte Knoblauchzehe	und
2 EL Petersilie	in
2 EL Pflanzenöl	weich dünsten.
2 große, enthäutete, entkernte und klein geschnittene Tomaten	sowie
1 große Karotte	fein reiben und dazugeben. Mit
3/4 l Gemüsebrühe	aufgießen und alles ca. 7 Min. köcheln lassen.
	Die abgeseihten Linsen unterrühren, mit
2 El Weißweinessig	
Salz, Pfeffer	abschmecken. Alles noch einmal aufkochen lassen.

SCHWAMMERLSUPPE MIT KARTOFFELN

250 g Schwammerln (oder Champignons)	putzen und grob schneiden.
1 Zwiebel	fein hacken und mit
2 EL Petersilie	in
1 EL Butter	goldgelb anlaufen lassen. Die Schwammerln dazugeben und gut durchrösten.
2 große Kartoffeln	klein würfelig schneiden und zu den Schwammerln geben. Mit
3/4 l Gemüsebrühe	aufgießen. Alles zugedeckt auf kleiner Flamme gar kochen. Zum Schluß
2 EL Sauerrahm	mit
1 schwachen TL Kartoffelstärke	verrühren,
etwas Essig	dazugeben und diese Mischung in die Suppe einrühren. Noch einmal aufkochen lassen und mit
Salz, Pfeffer	abschmecken.

SELLERIECREMESUPPE

1 kleine Knolle Sellerie	und
1 mittelgroße Kartoffel	in Würfel schneiden und in
3/4 l Wasser	mit
Salz, Pfeffer	ganz weich kochen.
	Mit einem Mixer pürieren und mit
1 EL Butter	
feingehackter Petersilie	und
2 EL Sauerrahm	gut verrühren.

SPARGELSUPPE

500 g Spargel	schälen und in 2 cm lange Stücke schneiden, in
1 l Salzwasser	mit
1 Prise Zucker	bißfest kochen. Aus
8 g Butter	und
4 g Mehl	eine Einbrenn zubereiten und mit der (Einbrenn-)Spargelbrühe aufgießen. Diese Mischung ca. 15 Min. köcheln lassen. Mit
100 ml Sahne	verfeinern. Die Spargelstücke dazugeben, mit
Salz, Pfeffer	abschmecken. Vor dem Servieren mit gehacktem Schnittlauch bestreuen.

TOMATENSUPPE

1 kleine Zwiebel	sowie
2 Knoblauchzehen	fein hacken und in
2 EL Olivenöl	glasig andünsten. Mit
1/2 l Tomatenpüree	und
1/4 l Wasser	aufgießen. Alles 5 Min. köcheln lassen.
	Mit
Salz, Pfeffer, frischem Basilikum (oder Oregano)	würzen
	Mit Parmesan servieren!

TIP
Sie können auch gekochten Reis oder gekochte kleine Nudeln in die Suppe geben!

ZWIEBELSUPPE MIT KÄSE

4 mittelgroße Zwiebeln	in dünnere Ringe schneiden und in
2 EL Butter	goldgelb dünsten. Mit etwas geriebener
Muskatnuß	bestreuen. Mit
3/4 l Gemüsebrühe	und
1/4 l trockenem Weißwein	aufgießen und die Zwiebeln nicht zu weich kochen. Mit
Salz, Pfeffer	abschmecken.
4 Scheiben Vollkorntoast	diagonal in Dreiecke schneiden, mit
geriebenem Hartkäse	bestreuen und unter dem Grill den Käse zum Schmelzen bringen.

Suppe in Teller füllen und die Toastscheiben daraufgeben.

TIP
Für Eilige: Heiße Suppe einfach mit dem geriebenen Käse bestreuen!

ZWISCHENGERICHTE

BOHNENGULASCH

300 g trockene, große weiße Bohnen oder Käferbohnen	über Nacht in kaltem Wasser einweichen. Am nächsten Tag weich kochen.
3 große Zwiebeln	und
2 Knoblauchzehen	fein hacken und in
3 EL Pflanzenöl	glasig andünsten.
2 EL Paprikapulver	unterrühren,
1 grünen Paprika	in kleinere Stücke schneiden, zu den Zwiebeln geben, alles mit
3/4 l Wasser	aufgießen und ca. 10 Min. kochen lassen. Die gekochten, abgeseihten Bohnen dazugeben. Mit
Salz, Pfeffer	würzen.

TIP
Zum Eindicken der Sauce Kartoffelstärke oder Schmelzhaferflocken verwenden. Wer das Gulasch gerne scharf hat, kann Chilipulver dazugeben.
Wenn es besonders schnell gehen soll, können auch abgetropfte Bohnen aus der Dose verwendet werden!

BUNTER BOHNENTOPF

1 große Zwiebel	sowie
1 Knoblauchzehe	fein hacken und in
2 EL Olivenöl	andünsten.
Tomaten (aus einer Dose, geschält)	in Würfel schneiden und samt der Flüssigkeit dazugeben.
Salz, Pfeffer, Oregano	zum Würzen verwenden.
1 kleine Dose Kidneybohnen (oder andere Bohnensorten)	
1 kleine Dose Maiskörner	und
1 kleine Dose Kichererbsen	abtropfen lassen und zur Tomatensauce geben.
1 grünen Paprika	würfelig schneiden und untermengen. Alles ca. 5 Min. köcheln lassen.
	Mit frischem Weißbrot servieren!

TIP
Der Bohnentopf wird noch gehaltvoller, wenn Sie vor dem Servieren in Stücke geschnittene Tofuwürstchen dazugeben!

CHAMPIGNONS MIT TOFUWÜRFELN

250 g mittelgroße Champignons säubern, ganz lassen.

250 g geräucherten Tofu in mundgerechte Würfel schneiden.

3 EL Butter in einer Pfanne schmelzen,

4 zerdrückte Knoblauchzehen und

1/2 TL Ingwerpulver dazugeben und 2 Min. leicht anbraten. Die Champignons beigeben und ca. 5. Min. weich dünsten. Zum Schluß die Tofuwürfel untermengen und das Gericht erhitzen.

Mit Petersilie bestreuen und mit Weißbrot servieren.

TIP
Sie können statt Champignons auch Austernpilze verwenden!

GEBACKENE ZWIEBELRINGE MIT GURKEN-JOGHURT-SAUCE

2 große Zwiebeln	in dünne Ringe schneiden.
	Aus
125 g Weizenmehl	
etwas Salz	
3 EL Pflanzenöl	sowie
150 ml Wasser	einen dicken, cremigen Teig rühren, mit
1 TL geriebenen Kümmel	und
1 TL geriebenen Koriander	würzen.
	Den Schnee von
1 Eiklar	unterheben.
	In einer Pfanne
Pflanzenöl	erhitzen, die Zwiebelringe gut in den Teig eintauchen und 4-5 Min. herausbacken, bis sie goldbraun sind. Sie können auch eine Friteuse verwenden.
1 Salatgurke	schälen, in dünne Scheiben schneiden, mit
1 Becher Joghurt	vermengen und mit
Salz, Pfeffer	sowie
1 zerdrückten Knoblauchzehe	würzen.
	Die Zwiebelringe mit der Sauce servieren!

Oben: Kräuterfrittatensuppe (Rezept siehe Seite 20)
Unten: Kürbiscremesuppe (Rezept siehe Seite 21)

GEFÜLLTE CHAMPIGNONS

16 große Champignons	putzen und waschen. Die Stiele herausdrehen und fein schneiden.
3 EL feingehackte Petersilie	
1 Knoblauchzehe	und
2 Frühlingszwiebeln	fein schneiden und mit den Pilzstielen in
2 EL Butter	andünsten.
	In die abgekühlte Masse
3 EL Sauerrahm	und
4 EL geriebenen Gouda	unterrühren.
	Die Pilzköpfe in eine befettete, feuerfeste Form geben, mit der Zwiebelmasse füllen und mit geriebenem Käse bestreuen. Etwas Gemüsebrühe zugießen und die Schwammerln im Backrohr bei 180° C ca. 10–15 Min. überbacken.
	Mit frischem Weißbrot servieren.

Oben: Champignons mit Tofuwürfeln (Rezept siehe Seite 31)
Unten: Nudeln mit Lauch (Rezept siehe Seite 40)

GEMÜSEREIS

200 g Vollkornreis	laut Packungsangabe kochen.
300 g Mischgemüse	in Salzwasser bißfest dünsten. Beides zusammenmischen und
2 EL Butter	sowie
2 EL gemischte Kräuter	dazugeben, mit
Salz, Pfeffer	abschmecken.

TIP
Besonders rund schmeckt das Gericht, wenn der Reis in Gemüsebrühe gekocht wird.
Statt Vollkornreis können Sie auch ganze Dinkelkörner verwenden!
Das Gericht erhält eine italienische Note, wenn Sie vor dem Servieren Parmesan darüberstreuen!

KÄSEOMELETTE

(Menge für eine Person)

2 Eiweiß	mit
1 Prise Salz	ganz steif schlagen. Vorsichtig
2 Eidotter	
3 EL geriebenen	
Hartkäse	und
1 EL Mehl	unterheben.
	In einer Pfanne
1 EL Butter	erhitzen und die Ei-Käse-Masse hineingießen. Sobald die Unterseite leicht braun ist, die Omelette zusammenklappen und noch ca. 2 Min. auf jeder Seite backen. Sie sollte innen noch leicht cremig sein.
	Salzen und mit Salat servieren.

TIP
Die Omelette wird noch würziger, wenn Sie zur Ei-Käse-Masse 1 EL feingehackten Schnittlauch geben!

Käsetoast mit Knoblauch

Pro Person

3 Scheiben Toastbrot (normal oder Vollwert)	dünn mit
Butter	auf einer Seite bestreichen. Auf die gebutterte Seite dünn
gepreßten Knoblauch	streichen und mit je
2 Scheiben Schmelzkäse	belegen. Die Toastbrote auf ein Backblech legen und unter dem Grill im Backrohr den Käse zerschmelzen lassen.

Reichen Sie dazu grünen Salat!

TIP
Sie können die Toastbrote, nachdem Sie den Knoblauch daraufgegeben haben, mit Tomatenscheiben belegen und erst anschließend den Käse dazugeben!

Kartoffellaibchen mit Frühlingszwiebeln

3 Frühlingszwiebeln	waschen und in feine Ringe schneiden.
1 kg Kartoffeln	roh schälen, waschen, abtrocknen und fein reiben (junge Kartoffeln gut ausdrücken) und sofort in einer Schüssel mit
1 Ei **4 EL Mehl** **2 EL Sauerrahm**	und den Frühlingszwiebeln vermischen.
Salz, Pfeffer	beigeben.

Von dieser Masse mit einem Eßlöffel Plätzchen in eine Pfanne mit heißem Öl geben, auseinanderstreichen und auf beiden Seiten hellbraun backen.

Sofort servieren!

TIP
Als Beilagen empfehlen sich Sauce tatare und Salate!

KARTOFFELOMELETTE

400 g mehlige Kartoffeln

schälen und in Salzwasser (nicht zu) weich kochen, abseihen und auskühlen lassen.

1 Bund Frühlingszwiebeln
3 EL Olivenöl

waschen, schneiden und in einer Pfanne mit andünsten. Die in Scheiben geschnittenen Kartoffeln dazugeben und alles goldbraun anbraten.

4 Eier

mit

100 g Crème fraîche
2 zerdrückten Knoblauchzehen
3 EL Schnittlauch
Salz, Pfeffer

verrühren.

Die Kartoffeln in der Pfanne glattstreichen, die Eiermischung darübergießen und alles bei schwacher Hitze zugedeckt ca. 15 Min. (bis die Eier stocken) garen lassen.

Mit Ketchup oder Salsa und grünem Salat servieren!

MAISLAIBCHEN MIT JOGHURTSAUCE

Der Grundteig kann einige Stunden vorher zubereitet werden, wenn Sie ihn im Kühlschrank aufbewahren.

150 g Weizenvollwertmehl	mit
1 TL Currypulver	in einer Schüssel vermengen und abwechselnd
2 Eier	und
ca. 200 ml Milch	einrühren.
	Den Teig 30 Min. rasten lassen.
	Inzwischen
1 mittelgroße Zwiebel	fein reiben und
1 Dose Maiskörner	abseihen. Zwiebel und Maiskörner unter den Teig heben.
200 ml Joghurt	mit
frischen oder tiefgefrorenen Kräutern	
Salz, Pfeffer	verrühren.
	In einer Pfanne
etwas Öl	heiß werden lassen und darin aus dem Teig flache Plätzchen goldbraun backen (jede Seite ca. 2–3 Min.).
	Sofort mit der Sauce und Salat servieren!

NUDELN MIT LAUCH

500 g Lauch	waschen, putzen und in 1/2 cm dicke Ringe schneiden. Diese in Salzwasser 3 Min. blanchieren, mit kaltem Wasser abspülen und gut abtropfen lassen.
250 g Bandnudeln	in
Gemüsebrühe	bißfest kochen und abseihen. Nudeln und Lauchringe vermischen und in eine befettete, feuerfeste Form geben.
200 g Sauerrahm	mit
200 g geriebenem Hartkäse	und
1 Ei	verrühren. Mit
Salz, Pfeffer, Muskatnuß	abschmecken.
	Alles über die Nudeln gießen. 15 Min. bei 200° C im Rohr überbacken.

TIP
Statt Bandnudeln können Sie auch Spaghetti oder Makkaroni verwenden!

PAPRIKAGEMÜSE

1 mittelgroße Zwiebel	schälen und in Scheiben schneiden.
	Je
1 rote, gelbe und grüne Paprikaschote	sowie
2 Tomaten	würfelig schneiden. In einer Pfanne
2 EL Olivenöl	erhitzen. Darin
1 zerschnittene Knoblauchzehe	anbraten, die Zwiebelscheiben dazugeben und glasig braten. Die Paprika- und Tomatenwürfel hinzufügen, zudecken und 5–7 Min. schmoren lassen. Mit
100 ml trockenem Weißwein	und
100 ml Wasser	aufgießen,
2 EL Tomatenmark	unterrühren und mit
1/2 TL Oregano	
etwas Thymian	
3 Salbeiblättern	sowie
Salz, Pfeffer	würzen.
	Die Gemüsesauce ca. 5 Min. köcheln lassen.

TIP
Sie können als Beilage gekochte Hirse (wie Reis zubereiten) oder Weißbrot reichen!

SPAGHETTIKÜRBIS MIT BROKKOLISAUCE

1 großen Spaghetti-kürbis (ca. 1–1,5 kg)	im Ganzen oder halbiert weich kochen und mit einer Gabel das Kürbisfleisch herauslösen.
500 g Brokkoli	in Röschen zerteilen und
1 große Karotte	in Scheiben schneiden. Beides in Salzwasser bißfest kochen und abseihen.
30 g Butter	in einem Topf zerlassen,
1 EL Weizenmehl	einrühren und mit
ca. 200 ml Milch	zu einer glatten Sauce verrühren.
	Bei mittlerer Hitze aufkochen lassen, bis die Sauce eindickt. Vom Feuer nehmen und
3 EL Joghurt	sowie
1 TL Senf	einrühren.
	Brokkoli und Karotten dazugeben, mit
Salz	abschmecken.
	Die Sauce über den Kürbis gießen und servieren.

SPINATPALATSCHINKEN

	Aus
200 g Mehl	
2 Eiern	
ca. 400 ml Milch	
100 ml Mineralwasser	und
etwas Salz	einen Palatschinkenteig zubereiten. Rasten lassen.
500 g Blattspinat	waschen, in Salzwasser gar kochen und sehr gut ausdrücken. Der Spinat sollte nicht wäßrig sein.
2 EL Butter	zum Spinat geben.
2 EL Grünkernmehl	und
etwas Milch	unterrühren. Mit
Salz, Pfeffer, Muskatnuß	abschmecken.
	Aus dem Teig in einer Pfanne mit
Öl	dünne Palatschinken backen.
	Die Spinatfülle gleichmäßig auf die Palatschinken verteilen, diese einrollen, in eine befettete Form geben, mit etwas Parmesan und Butterflöckchen bestreuen und kurz im Rohr überbacken (oder in die Mikrowelle geben).

TIP
Wenn Sie daraus ein Hauptgericht machen wollen, geben Sie zur Spinatfülle gedünstete Champignons oder kleinwürfelig geschnittenen Schafkäse.

Hauptspeisen

Bandnudeln mit Schwammerlrahmsauce

350 g Bandnudeln	in reichlich Salzwasser bißfest kochen, abseihen und gut abtropfen lassen.
1 mittelgroße Zwiebel	fein schneiden, in
2 EL Butter	goldgelb andünsten und
2 EL feingehackte Petersilie	dazugeben.
400 g Champignons oder andere Pilze	putzen, in Scheiben schneiden, mit der Zwiebel und
200 ml Gemüsebrühe	ca. 10 Min. köcheln lassen.
4 EL Schlagobers	mit
1/2 TL Kartoffelstärke	verrühren, in die Sauce gießen und alles noch 5 Min. kochen lassen. Mit
Salz, Pfeffer	abschmecken.

Die Nudeln erwärmen, in eine Schüssel geben, mit der heißen Sauce übergießen und sofort servieren.

BROKKOLIAUFLAUF

400 g Brokkoli	waschen und zerteilen. Die Röschen in Salzwasser halbweich kochen, dann abseihen.
70 g Butter	mit
3 Eidotter	in einer Schüssel gut abtreiben,
2 EL Parmesan	
2 EL Mehl	und
4 EL Sauerrahm	dazugeben. Alles gut verrühren.
	Zuletzt den Schnee von
4 Eiklar	unterheben.
	1/3 dieser Masse in eine feuerfeste, gebutterte Schüssel geben, die Brokkolirosen darauflegen und mit dem Rest der Masse bedecken.
	Im Backrohr bei ca. 180° C 30–40 Min. backen.

TIP
Sie können die Brokkoli auch durch Karfiol (Blumenkohl) ersetzen!

Buchweizenlaibchen mit Kohlrübensauce

150 g Buchweizenschrot in
1/2 l kochendes Salzwasser geben, zudecken und bei schwächster Hitze 15–20 Min. ausquellen und anschließend auskühlen lassen.

100 g Lauch fein schneiden, in kochendem Salzwasser blanchieren und gut abtropfen lassen.

100 g Hartkäse reiben.
2 EL Weizenvollkornmehl
3-5 EL Vollkornbrösel
1 TL Kräutersenf
1 Ei sowie den Lauch und den Käse mit dem Buchweizenschrot vermengen. Mit
Salz, Pfeffer abschmecken. Sollte die Masse zu weich sein, können Sie noch Brösel dazugeben. Mit nassen Händen kleine Laibchen formen und in
Pflanzenöl beidseitig goldgelb braten.

1 große Kohlrübe stifteln und in Salzwasser bißfest kochen. Nach dem Abseihen mit
1 EL Butter
1 EL Sauerrahm
1 EL Schnittlauch sowie
Salz, Pfeffer vermischen.

Die Buchweizenlaibchen mit der Kohlrübensauce servieren.

TIP
Für besonders Hungrige können Sie Kartoffelpüree dazureichen!

Gebratener Tofu mit süssaurer Gemüsesauce

400 g festen Tofu	in gleich große, mundgerechte Würfel zerteilen, in eine flache Schüssel geben und mit
Sojasauce	beträufeln. Stehenlassen.
4 große Karotten	waschen, schälen und in schräge, 1/2 cm dicke Scheiben schneiden.
2 Stangen Lauch	waschen und in 1 cm dicke Ringe schneiden.
1 Knoblauchzehe	fein hacken, in
2 EL Pflanzenöl	in einer tiefen Pfanne anrösten. Die Karotten und den Lauch dazugeben. Beides mitrösten und mit
ca. 1/4 l Gemüsebrühe	aufgießen. Das Gemüse ca. 10 Min. köcheln lassen (bißfest).
1 gelben Paprika	in kleine Würfel schneiden und gegen Schluß mitdünsten.
	In die Sauce
5 EL Tomatenmark	
2 EL Honig	und
1 EL Essig	einrühren. Mit
Salz, Pfeffer, Ingwerpulver	abschmecken. Nach Belieben kann man auch
5 EL Ananasstücke aus der Dose	dazugeben.
	Die Tofuwürfel rundherum in
Pflanzenöl	goldbraun braten.
	Mit der Gemüsesauce anrichten und als Beilage gekochten Reis reichen.

Oben: Überbackener Fenchel (Rezept siehe Seite 79)
Unten: Gefüllte Paprika mit Polenta (Rezept siehe Seite 50)

Denominazione di Origine Controllata
V.Q.P.R.D.

GEFÜLLTE MELANZANI (AUBERGINEN)

2 große Melanzani	halbieren, mit Salz bestreuen und ca. 15 Min. rasten lassen.
1 große Zwiebel	und
2 Knoblauchzehen	fein hacken und in
2 EL Olivenöl	andünsten.
	Die Melanzani abspülen, mit einem kleinen Löffel aushöhlen, so daß noch ein 1,5 cm dicker Rand bleibt. Danach in heißem Salzwasser blanchieren.
	Das Fruchtfleisch fein schneiden, in die Pfanne mit der Zwiebel geben und anbraten.
4 EL feine Vollwert-haferflocken	untermischen. Alles weich dünsten. Eventuell mit etwas
Gemüsebrühe	aufgießen. Mit
Salz, Pfeffer, Oregano	würzen.
	Die Melanzanischalen in eine feuerfeste, befettete Form geben, gleichmäßig die Fülle darauf verteilen, mit
Parmesan	und
Butterflöckchen	bestreuen und im Rohr bei 200° C ca. 10–15 Min. überbacken.
	Mit grünem Salat und Weißbrot servieren.

Oben: Gemüselasagne (Rezept siehe Seite 56)
Unten: Gemüsespieße (Rezept siehe Seite 58)

Gefüllte Paprika

Für Füllen 1 und 2

4 Paprikaschoten (gelb, grün, rot oder gemischt)	der Länge nach halbieren, die Kerne entfernen, in Salzwasser ca. 5 Min. blanchieren und abtropfen lassen.

Fülle 1

150 g Polentamehl	in
ca. 400 ml kochendes Salzwasser	mit
2 EL Basilikum	und
2 EL Pflanzenöl	einrieseln lassen, gut umrühren und ca. 15 Min. zugedeckt ausdünsten lassen.
	Inzwischen in einer Pfanne
100 g Frühlingszwiebeln	oder
Lauch (feingeschnitten)	in
etwas Pflanzenöl	dünsten. Mit
150 g kleingeschnittenem Schafkäse	vermengen. Die Zwiebeln und den Käse unter die abgekühlte Polenta heben.
	Die Paprikaschoten in eine feuerfeste, befettete Form geben, die Fülle darin verteilen (restliche Fülle als Beilage reichen) und mit
Schafkäsescheiben	belegen. Alles im Rohr ca. 15 Min. bei 180° C überbacken, bis die Paprika weich sind und der Käse geschmolzen ist.

Fülle 2

1 Stange Lauch	waschen, in feine Ringe schneiden.
1 große Karotte	schälen, fein raspeln.
2 Zucchini	fein raspeln.
2 Selleriestangen	fein schneiden
	Alles in einer Pfanne in
3 EL Pflanzenöl	ca. 7 Min. gut durchrösten.
	In die abgekühlte Mischung
2 zerdrückte Knoblauchzehen	geben.
90 g Vollwertbrösel	
60 g gehackte Haselnüsse	und
125 ml fettarmes Joghurt	dazugeben und alles vermengen. Mit
Salz, Pfeffer	würzen.
	Die Paprikaschoten in eine feuerfeste, befettete Form geben, füllen und ca. 20 Min. bei 180° C überbacken. Dann mit
geriebenem Käse	bestreuen und noch für einige Minuten ins heiße Backrohr stellen, bis der Käse geschmolzen ist.

Für Füllen 3 und 4

4 Paprika	waschen, die Deckel abschneiden und beiseite geben.

Fülle 3

1 Zwiebel	fein schneiden, mit
2 zerdrückten Knoblauchzehen	und
1 EL gemischten Kräutern	in
2 EL Olivenöl	glasig dünsten.

125 g Grünkernschrot	dazugeben und kurz mitbraten. Alles mit
ca. 30 ml Gemüsebrühe	aufgießen und ca. 20. Min. bei mittlerer Hitze gar kochen. Auskühlen lassen.
1 Stange Lauch	waschen, in feine Ringe schneiden.
250 g Mozarella	in kleine Würfel schneiden.
	Lauch, Mozarella und
3 EL Tomatenmark	unter die Grünkernmasse mischen.
	Die Paprikaschoten mit dieser Mischung füllen, in einen Topf mit
1/2 l Tomatensauce (gewürzt mit Zucker, Salz, Pfeffer)	stellen, die Deckel daraufsetzen und bei schwacher Hitze zugedeckt ca. 30 Min. weich dünsten.

Fülle 4

100 g Hirse	in Salzwasser weich kochen und abseihen.
1 Zucchini	fein raspeln.
5 große Champignons	fein schneiden, in
2 EL Butter	weich dünsten.
100 g Tofu	mit der Gabel zerdrücken.
	Hirse, Zucchini, Champignons und Tofu vermischen. Mit
Salz, Pfeffer	und
2 EL Petersilie	würzen.
	Die Paprika füllen, in einen Topf geben, in
200 ml Gemüsebrühe	mit
2 würfelig geschnittenen Tomaten	zugedeckt ca. 20 Min. weich dünsten.

GEMÜSE AUS DEM BACKOFEN

	Das Backrohr auf 200° C vorheizen.
1 kg speckige Kartoffeln	gut abbürsten, längs achteln, auf ein antihaftbeschichtetes Backblech geben,
3 EL Olivenöl	darüber verteilen, mit
Salz	bestreuen und ins Rohr schieben. Ca. 20 Min. backen. Zwischendurch einmal wenden.
2 rote und 1 gelbe Paprikaschote	putzen und in Streifen schneiden.
2 Zucchini	in schräge Stücke schneiden. Das Gemüse mit
3 EL Olivenöl	und
4 frischen Rosmarinzweigen oder 2 EL Rosmarinnadeln	vermengen. Die Gemüsemischung mit
Salz, Pfeffer	würzen und auf die Kartoffeln legen. Weitere 20 Min. backen, bis alles weich ist.
	Mit Tomatensalat und Blattsalaten servieren.

Gemüseeintopf mit Gerste

100 g Gerstenkörner	über Nacht in
1 l Gemüsebrühe	einweichen.
	Ca. 45 Min. kochen lassen, abseihen und den Gemüsesaft beiseite stellen.
	Inzwischen
1 Zwiebel	und
1 Knoblauchzehe	fein hacken und in
2 EL Pflanzenöl	andünsten.
2 große Karotten	schälen, in feine Scheiben schneiden,
150 g Sellerieknolle	in kleine Würfel schneiden und beides zu der Zwiebel-Knoblauch-Mischung geben.
2 EL Tomatenmark	einrühren,
100 g frische Erbsen	dazugeben, mit dem übriggebliebenen Gemüsesaft aufgießen und weich dünsten.
	Die gekochte Gerste dazugeben. Wenn nötig, noch Flüssigkeit beifügen. Alles mit etwas
Salz, Pfeffer, Liebstöckel	würzen.

GEMÜSELAIBCHEN

150 g Dinkelschrot	mit etwa
1/2 l Gemüsebrühe	aufkochen und ca. 20 Min. köcheln lassen.
	Inzwischen
100 g gemischtes Gemüse (Karotten, Zwiebeln, Zucchini)	fein reiben.
1 Ei **2 TL Petersilie** **3 EL Parmesan** **2 EL feine Vollwert-haferflocken** **Salz, Pfeffer**	und das Gemüse mit dem abgekühlten Dinkelschrot vermengen. Sollte die Masse zu weich sein, geben Sie noch
Haferflocken	dazu.
	Laibchen formen, in
Vollwertbröseln	wenden und in einer leicht befetteten Pfanne oder unter dem Grill braten.
	Mit Tomatensauce servieren!

GEMÜSELASAGNE

	In
4 EL Olivenöl **2 feingehackte Knoblauchzehen** **200 g geschnittene Frühlingszwiebeln** **250 g feingeraffelte Karotten**	sowie
200 g feingeraffelte Zucchini	gut durchrösten und zugedeckt bei geringer Hitze ca. 5 Min. schmoren lassen.
1 grünen Paprika (kleingewürfelt) **1 Dose geschälte Tomaten (kleingeschnitten)** **1/4 l Tomatensaft**	und
1 Dose Maiskörner (abgetropft)	mit dem geschmorten Gemüse vermengen.
	Mit
Salz, Pfeffer **2 EL Petersilie** **2 EL Basilikum**	würzen und ca. 7 Min. köcheln lassen.
4 EL Parmesan	unterrühren. Alles auskühlen lassen.
	Eine eckige, feuerfeste Form ausfetten.
250 g Lasagneblätter	(Kaufen Sie ein Produkt, das nicht vorgekocht werden muß!) Als erstes eine Schicht Nudelblätter einlegen. Darauf eine Lage Gemüse geben und diesen Vorgang wiederholen. Den Abschluß sollten die Nudelblätter bilden.

200 g Tofu mit
1 EL Zitronensaft
Salz, Pfeffer und
2 EL Pflanzenöl verrühren, auf die letzte Nudelschicht streichen, mit Parmesan bestreuen, Butterflöckchen daraufgeben und im Backrohr bei 180° C ca. 40–50 Min. backen (siehe Anleitung auf der Nudelpackung).

Mit grünem Salat servieren!

TIP
Statt der Frühlingszwiebeln empfiehlt sich auch Lauch!

GEMÜSESPIESSE

1 Melanzane (Aubergine)
2 Zucchini
1 gelben und grünen Paprika
sowie
1 große rote Zwiebel
in mundgerechte, würfelige Stücke schneiden.

Dann
200 g Kirschtomaten
waschen und
200 g Champignons
putzen.

7 EL Olivenöl
10 EL Rotwein
2 zerdrückte Knoblauchzehen
2 EL Basilikum
2 EL Oregano
vermischen und mit
Salz, Pfeffer
würzen.

Die Gemüsewürfel sowie die Champignons mit dieser Marinade übergießen und ca. 30 Min. rasten lassen.

Dann alles abwechselnd mit den Kirschtomaten auf Spieße stecken, mit der restlichen Marinade bestreichen und in einer Pfanne oder unter dem Grill rundum braten.

Mit Kartoffelpüree oder Weißbrot servieren.

GRATINIERTE ZUCCHINI

	Das Backrohr auf 220° C vorheizen.
4 mittelgroße Zucchini	waschen und der Länge nach vierteln. Eine flache, feuerfeste Form ausfetten. Die Zucchini hineinlegen und ca. 15 Min. backen.
4 mittelgroße Tomaten	enthäuten, in Würfel schneiden.
200 g Schafkäse	zerbröckeln. Tomaten und Schafkäse über die Zucchini geben.
3 Eier	mit
200 ml Milch	verschlagen und mit
Salz, Pfeffer	würzen.
	Diese Mischung über die Zucchini gießen. Ca. 20 Min. (bis die Milch-Ei-Mischung stockt) im Rohr backen.
	Mit Petersilie bestreut servieren.

TIP
Reichen Sie als Beilage Knoblauch- oder Kräuterbrot!

GRÜNE TORTE

Aus

80 g Weizenmehl
80 g Weizenvollwertmehl
2 EL Pflanzenöl
1 Ei
1-2 EL Wasser und
etwas Salz einen Mürbteig zubereiten, 30 Min. kalt stellen.

Dann eine flache, runde, befettete Mürbteigform damit auslegen, bei 170° C ca. 20 Min. blind backen, auskühlen lassen.

In

30 g Butter
4 feingehackte Frühlingszwiebeln
1 EL frisches Basilikum ca. 1 Min. anschwitzen.

2 mittelgroße, in feine Scheiben geschnittene Zucchini und
10 geschnittene, grüne Salatblätter dazugeben und 5 Min. unter Rühren anbraten. Das Gemüse nicht zu weich werden lassen. Die abgekühlte Gemüsemischung auf den Teig geben.

3 Eier
300 g Sauerrahm und
100 g geriebenen Gouda verrühren und über das Gemüse gießen. Die Torte bei 180° C ca. 30 Min. backen, bis die Fülle durch ist.

Vor dem Anschneiden ca. 7 Min. rasten lassen. Tomatensalat dazu reichen.

GRÜNKERNBRATEN

Die Grünkernmasse können Sie bereits einige Stunden vorher zubereiten.

200 g geschrotenen Grünkern mit
350 ml Gemüsebrühe verrühren und bei mittlerer Hitze ca. 15 Min. köcheln, danach zugedeckt stehen lassen.

Eine feuerfeste, viereckige Form ausfetten.

60 g gehackte Nüsse
2 EL gemischte Kräuter
100 g geriebenen Käse (Emmentaler oder Gouda)
Salz, Pfeffer, Muskatnuß und
2 Eier unter die abgekühlte Grünkernmasse heben. Alles in die Form geben, glattstreichen und im Rohr bei 180° C ca. 25–30 Min. bis zur Nadelprobe backen.

Mit Spinat oder Karottenpüree servieren.

HIRSELAIBCHEN MIT SCHNITTLAUCHSAUCE

150 g Hirsekörner	in
350 ml Gemüsebrühe	weich dünsten und auskühlen lassen (das können Sie bereits am Vortag machen).
1 kleine Zwiebel	fein hacken,
1 Karotte	fein reiben, beides in
1 EL Butter	andünsten und mit
Salz, Pfeffer	würzen.
	Die Hirse mit dem Gemüse,
100 g Magertopfen	
3 EL geriebenem Emmentaler oder Gouda	und
1 EL feinen Haferflocken	vermischen.
	Laibchen formen, in Bröseln wenden und in
etwas Öl	braten.
	Für die Sauce
1 hartgekochtes Ei	zerhacken, mit
100 g Joghurt	und
100 g Sauerrahm	verrühren.
4 EL Schnittlauch	dazugeben. Mit
Salz, Pfeffer	abschmecken.
	Die Laibchen mit der Sauce servieren.

HIRSOTTO

1 große Zwiebel	und
2 Knoblauchzehen	schälen, fein hacken und in
4 EL Pflanzenöl	glasig werden lassen.
200 g Hirsekörner	darin andünsten und mit
1/2 l Gemüsebrühe	aufgießen, kurz aufkochen und bei schwacher Hitze ca. 15–20 Min. zugedeckt ausquellen lassen. Die Hirse sollte nicht zu trocken sein. Wenn nötig, noch etwas Brühe dazugeben.
300 g Mischgemüse	in Salzwasser gar kochen, abseihen, mit
Salz, Pfeffer	
2 EL Butter	und
2 EL Kräutern	vermengen. Alles unter die Hirse heben.
	Sofort servieren und eventuell mit Parmesan bestreuen!

TIP
Sie können auch 150 g feinblättrig geschnittene Champignons mit andünsten. Nehmen Sie dann 1 EL Pflanzenöl mehr!

KARTOFFELGRATIN MIT ZUCCHINI UND TOMATEN

500 g mehlige Kartoffeln	schälen und in dünne Scheiben schneiden, in eine flache befettete Auflaufform schichten, mit
Salz, Pfeffer	bestreuen und
300 ml Milch	begießen. Im Backrohr ca. 40 Min. bei 200° C backen.
	Inzwischen
2 mittelgroße Zucchini	und
4 große Tomaten	in Scheiben schneiden. Zucchini- und Tomatenscheiben vorsichtig unter die Kartoffeln mischen, mit
150 g geriebenem Gouda	sowie
2 EL Schnittlauch	bestreuen und noch ca. 15 Min. fertigbacken.
	Mit grünem Salat servieren.

TIP
Falls Sie keine Kalorien zählen müssen, ersetzen Sie 100 ml Milch durch Sahne!

KARTOFFELNOCKERLN MIT BUTTER-SALBEI-SAUCE

400 g mehlige Kartoffeln (ungeschält) in Salzwasser 20 Min. weich kochen, abgießen und noch heiß schälen. Mit einer Gabel zerdrücken und mit ca.

120 g Weizenvollwertmehl zu einem glatten Teig kneten.

Würste mit ca. 2 cm Durchmesser rollen, 2 cm lange Stücke abschneiden und flachdrücken.

Salzwasser in einem großen Topf zum Kochen bringen.

Die Nockerln portionsweise in das kochende Wasser geben. Sobald sie an der Oberfläche schwimmen, noch 2 Min. kochen lassen. Dann mit einem Schaumlöffel herausheben, in eine vorgewärmte Schüssel geben und warm halten. Den Vorgang wiederholen, bis der Teig aufgebraucht ist.

8 frische Salbeiblätter in
2 EL Butter anschwitzen lassen und über die Nockerln gießen.

Mit Parmesan und grünem Salat servieren.

Kichererbsenlaibchen

450 g gekochte Kichererbsen	pürieren.
2 mittelgroße, gekochte, mehlige Kartoffeln	zerdrücken.
1 Zwiebel	und
2 Knoblauchzehen	fein hacken. Alles vermengen.
1 EL Sojasauce	
1 EL Zitronensaft	
Pfeffer	und
2 EL Vollwertbrösel	untermengen.
	Mit bemehlten Händen Laibchen formen und ca. 10 Min. in den Tiefkühlschrank legen.
	In eine Pfanne etwas
Pflanzenöl	geben und die Laibchen beidseitig goldbraun backen.

TIP
Wenn Sie größere Laibchen zubereiten, können diese wie Burger in einer runden Semmel mit Zwiebelringen und Tomatenscheiben serviert werden. Tomatensalat oder Letscho eignen sich besonders als Beilagen.

KRAUTFLECKERLN

500 g Weißkraut	fein schneiden.
1 Zwiebel	fein hacken und in
2 EL Pflanzenöl	mit
1 EL Zucker	anrösten und bräunen.
1 TL Apfelessig	dazugeben. Das Kraut mit anbraten, mit
Salz, Pfeffer	würzen und in wenig Wasser mit
1 TL Kümmel	weich dünsten.
300 g Fleckerlnudeln	in reichlich Salzwasser bißfest kochen und abseihen. Die Teigwaren und das Kraut vermengen, heiß machen und sofort servieren.

TIP
Das Gericht mundet besonders, wenn Sie als Beilage Sauerrahm oder Crème fraîche reichen!

KÜRBISTORTE

	Aus
175 g Weizenvollwertmehl **etwas Salz** **80 g Margarine** **1 TL gemischten Kräutern**	und
3–5 EL Wasser	einen Mürbteig kneten und eine Tortenspringform (20 cm) damit auslegen.
400 g Speisekürbis	sehr grob raffeln und in Salzwasser ca. 4 Min. kochen, sehr gut abseihen.
1 Zwiebel	hacken und mit
4 in Scheiben geschnittenen Tomaten	in
2 EL Pflanzenöl	ca. 5 Min. dünsten, mit
Salz, Pfeffer	abschmecken.
	Die Zwiebel-Tomaten-Mischung auf den Tortenboden streichen und den geraffelten Kürbis darüber verteilen. Das Backrohr auf 180° C vorheizen.
	Über alles ein Gemisch aus
2 Eiern **150 ml Milch** **150 ml Sauerrahm** **Salz, Pfeffer** **1 TL Thymian** **1 EL Petersilie**	und
4 EL Parmesan	gießen. Im Rohr ca. 30–40 Min. goldbraun backen.

LINSENAUFLAUF

1 große Melanzane	
(Aubergine)	in nicht zu dicke Scheiben schneiden, salzen,
	rasten lassen, abspülen und die Scheiben in
etwas Olivenöl	braten.
1 Zwiebel	und
1 Knoblauchzehe	fein hacken,
2 Karotten	fein raffeln,
1 Zucchini	raspeln, alles in
4 EL Olivenöl	anrösten, mit
etwas Gemüsebrühe	aufgießen und nicht zu weich dünsten. Mit
Salz, Pfeffer	und
1 EL Oregano	abschmecken.
150 g Linsen	
(gekocht, aus der Dose)	und
400 g geschälte Tomaten	dazugeben.
	In eine feuerfeste Form eine Lage Linsen-Gemüse-Mischung geben, Melanzanescheiben darauflegen. Diesen Vorgang solange wiederholen, bis alles aufgebraucht ist.
	Aus
60 g Butter	
2 EL Weizenvoll-wertmehl	
430 ml Milch	
Salz, Muskat	eine Bechamelsauce zubereiten. In diese
1 Eidotter	
2 EL Parmesan	und
1 steifgeschlagenes	
Eiweiß	einrühren. Diese Sauce über das Linsen-Melanzane-Gemisch gießen und alles bei 180° C ca. 40 Min. goldbraun backen.
	Mit Kartoffelpüree servieren.

MAISPIZZA

	In
1 l kochende Gemüse-brühe	
250 g Maisgrieß	einrieseln lassen, umrühren und zugedeckt ausdünsten lassen. Die Masse, sobald sie ausgekühlt ist, fingerdick auf ein Backblech streichen.
400 g gut abgetropfte Dosentomaten	schneiden, darauflegen, mit
Salz, Pfeffer	würzen,
Oregano	und
Basilikum	darüberstreuen.
250 g Mozarella in Scheiben	über die Tomaten geben, mit
Zucchinischeiben oder Paprikastreifen	bedecken.
	Im vorgeheizten Rohr bei 220° C ca. 20 Min. überbacken.
	Mit Blattsalaten servieren.

TIP
Sie können die Pizza mit Oliven und Champignons oder Artischocken belegen!

NUDELN MIT MELANZANE-TOMATEN-SAUCE

350 g Nudeln (Bandnudeln oder Spaghetti)	in reichlich Salzwasser bißfest kochen, abseihen und warm stellen.
1 große Melanzane (Aubergine)	in Scheiben schneiden, einsalzen und ca. 10 Min. rasten lassen, dann abwaschen.
	Die Melanzanescheiben in Streifen schneiden und in
4 EL Olivenöl	anbraten.
4 große Tomaten	würfelig schneiden und dazugeben.
	Alles ca. 5 Min. braten und mit
150 ml Gemüsebrühe	aufgießen.
1 EL Oregano	dazugeben, mit
Salz, Pfeffer	würzen und zugedeckt ca. 15. Min. schmoren lassen.
	Die Nudeln mit der Sauce servieren und dazu Parmesan reichen.

TIP
So Sie es scharf lieben, würzen Sie die Sauce mit Chilipulver!

POLENTA-GEMÜSE-AUFLAUF

250 g Maisgrieß (Polenta)	unter ständigem Rühren in
1/2 l kochendes Salzwasser	einlaufen lassen. Einige Minuten kochen und weiterrühren. Zugedeckt ausdünsten lassen.
300 g Mischgemüse	in Salzwasser bißfest garen, abseihen,
1 EL Butter	unterrühren,
1 EL Petersilie	dazugeben, mit
Salz, Pfeffer	abschmecken.
100 g Topfen	mit
100 g zerdrücktem Schafkäse	vermengen und unter die Gemüsemischung geben.
	In eine feuerfeste, gefettete Form lagenweise Polenta und Gemüse geben, bis alles aufgebraucht ist. Mit Polenta abschließen.
Butterflöckchen	daraufgeben und
Parmesan	darüberstreuen. Im Rohr bei 180° C ca. 20 Min. überbacken.

POLENTASCHNITTEN MIT GORGONZOLA

1/2 l Salzwasser **1 EL Pflanzenöl**	mit zum Kochen bringen.
1/4 l Polentamehl	einrieseln lassen, gut umrühren und zugedeckt bei kleinster Flamme ca. 20 Min. ausdünsten lassen. Wenn die Masse leicht ausgekühlt ist, diese ca. 2 cm dick auf ein Blech streichen und völlig auskühlen lassen. Dann in Quadrate schneiden und mit
ca. 1/2 cm dicken Gorgonzolascheiben	belegen.

Die Schnitten auf ein befettetes Blech legen und unter dem Grill ca. 10 Min. bei starker Hitze überbacken, bis der Käse geschmolzen ist.

Sofort mit Salat servieren!

TIP
Wenn Sie es eilig haben, können Sie die Polenta bereits am Vortag zubereiten.

RISOTTO MIT KRÄUTERN

1 mittelgroße Zwiebel	fein hacken und in
2 EL Butter	glasig anlaufen lassen.
200 g Naturreis	zugeben und andünsten. Mit
ca. 1/2 l Gemüsebrühe	aufgießen und auf kleiner Flamme zugedeckt ca. 25–30 Min. weich dünsten.
	Je
1 EL Petersilie, Kerbel, Schnittlauch, Basilikum	in
1 EL Butter	anschwitzen, den Reis dazugeben, gut vermengen, mit
etwas Weißwein	aufgießen und einmal erhitzen, so daß der Reis sämig wird. Mit
Salz, Pfeffer, Knoblauch	abschmecken.
200 g gekochte Erbsen	beimengen.
	Mit Parmesan bestreut servieren.

TIP
Probieren Sie eine Reismischung mit Wildreis aus!

SPAGHETTI MIT SAUCEN

Für alle 3 Rezepte

350 g Spaghetti	in reichlich Salzwasser bißfest kochen, abseihen und warm stellen.

a) Tomaten-Gemüse-Sauce

1 Zwiebel	fein hacken.
2 Karotten	und
1 kleine Sellerieknolle	schälen und fein reiben.
	Das Gemüse in
4 EL Olivenöl	ca. 5 Min. anrösten, mit
100 ml Gemüsebrühe	aufgießen,
1 Dose geschälte Tomaten	dazugeben, mit
Salz, Pfeffer	
je 1 EL Oregano	
Basilikum	und
Petersilie	würzen. Die Sauce ca. 15 Min. köcheln lassen.

TIP
Wenn Sie dem Gericht eine besondere Note verleihen wollen, lassen Sie 100 g geraffelte Zucchini oder einen grünen, kleingeschnittenen Paprika mitkochen.

b) Petersiliensauce

2 Knoblauchzehen	fein hacken und mit
2 EL Pinienkernen	in
2 EL Olivenöl	goldbraun braten.
2 Bund Petersilie	waschen, hacken und mit der Knoblauch-Pinienkern-Mischung pürieren. Nach und nach noch
3 EL Olivenöl	unterrühren. Mit
Salz, frischgeriebenem Pfeffer	würzen und
3 EL Parmesan	unter die Sauce mischen.
	Die fertige Sauce mit den heißen Spaghetti vermengen und sofort servieren.

TIP
Sie können die Sauce auch einfrieren.

c) Zucchinisauce

4 Zucchini	in dünne Scheiben schneiden. In
4 EL Olivenöl	und
1 EL Butter	anbraten und zugedeckt weich dünsten. Mit
Salz, Pfeffer	würzen.
	Die Sauce über die Spaghetti geben und mit Parmesan servieren.

SPINATTORTE

	Einen Mürbteig aus
100 g Weizenmehl	
75 g Weizenvollwert-mehl	
80 g Margarine	
Salz	und
3 EL Wasser	zubereiten.
	Eine Backform von 20 cm Durchmesser damit auslegen (einen Rand machen) und bei 180° C blind backen.
500 g Blattspinat	waschen, gut abseihen und zerkleinern.
1 Bund Frühlings-zwiebeln	waschen, fein schneiden und in
2 EL Pflanzenöl	anbraten. Den Spinat dazugeben und beides ca. 7 Min. kochen lassen. Überschüssige Flüssigkeit abseihen.
100 g Kräuter-schmelzkäse	zum Spinat geben und bei schwacher Hitze schmelzen lassen. Mit
Salz, Pfeffer, Muskatnuß	und
3 EL Parmesan	würzen.
2 Eier	mit
100 ml Milch	verschlagen und mit der Spinatmasse vermengen. Die Spinatfülle auf den vorgebackenen Teig geben, glattstreichen,
1 Ei (versprudelt)	darüberschlagen und mit
3 EL Parmesan	bestreuen.
	20–30 Min. bei 180° C backen.

TOFUBURGER

2 Zwiebeln **2 Selleriestangen** **2 EL Pflanzenöl**	und fein hacken und in goldgelb anbraten.
400 g festen Tofu **100 g Vollwerthafer-flocken** **2 EL Sojasauce** **1 zerdrückte Knob-lauchzehe** **Salz**	mit einer Gabel in einer Schüssel zerdrücken. und die Zwiebel-Sellerie-Mischung dazugeben.
	Die Masse gut verkneten, Laibchen formen und diese in
Pflanzenöl	beidseitig goldbraun braten.
	In Vollwertsemmeln geben, mit Tomaten-scheiben und Salatblättern garnieren. Mit Senf servieren.

TIP
Sie können die Burger auch ohne Semmeln mit Gemüse als Beilage servieren!

ÜBERBACKENER FENCHEL

3 Knollen Fenchel	waschen, putzen und achteln. Das Grün aufheben.
2 EL Butter	in einem großen Topf schmelzen, den zerteilten Fenchel hineingeben, mit
100 ml trockenem Weißwein	und
100 ml Wasser	aufgießen, mit
Salz, Pfeffer	würzen, zudecken und bißfest garen.
4 große Tomaten (oder 1 Dose geschälte Tomaten ohne Saft)	würfelig schneiden.
200 g Mozarella	in Streifen schneiden und mit den Tomaten vermischen.
	Den Fenchel abseihen, in eine feuerfeste, befettete Form geben, die Tomaten-Mozarella-Mischung darauf verteilen, mit
3 EL Parmesan	bestreuen und im heißen Rohr den Käse unter dem Grill schmelzen lassen.
	Mit dem feingehackten Fenchelgrün bestreuen und mit Petersilienkartoffeln und Weißbrot servieren.

Zucchinikuchen

	Aus
200 g Weizenmehl	
25 g geriebenen Walnüssen	und
100 g Butter	einen Mürbteig kneten. 15 Min. kalt stellen.
	Eine Tortenform von 20 cm ausfetten, mit dem Teig auslegen und 10 Min. bei 190° C blind backen.
2 große Kartoffeln	in der Schale weich kochen, auskühlen lassen, schälen und in dünne Scheiben schneiden.
1 kleine Zwiebel	fein hacken und in
1 EL Pflanzenöl	anrösten.
4 mittelgroße Zucchini	in Scheiben schneiden und dazugeben, mit
1 EL frischem Thymian	würzen und ca. 10 Min. weich kochen.
3 Eier	mit
100 ml Milch	und
3 EL Sauerrahm	verrühren.
100 g Räucherkäse	reiben und die Hälfte untermengen.
	Zuerst den Teig mit der Hälfte der Kartoffelscheiben belegen, dann die Hälfte der Zucchinimasse daraufgeben. Mit der Hälfte der Eiermischung übergießen. Diesen Vorgang noch einmal wiederholen. Zum Abschluß den restlichen Käse darüberstreuen. Bei 190° C ca. 35–40 Min. backen, bis die Fülle goldbraun ist.

Oben: Hirsotto (Rezept siehe Seite 63)
Unten: Maispizza (Rezept siehe Seite 70)

STRUDEL-VARIATIONEN

BROKKOLISTRUDEL MIT KÄSE

1 Packung Strudelblätter	
500 g frische Brokkoli-röschen	in Salzwasser nicht zu weich kochen, gut abseihen und mit kaltem Wasser abspülen.
30 g Butter	in einem Topf schmelzen, darin
1 feingehackte Zwiebel	glasig anlaufen lassen.
2 EL Weizenmehl	dazugeben, durchrühren. Mit
200 ml Milch	aufgießen, umrühren, bei schwacher Hitze dick einkochen lassen und abkühlen.
2 EL Parmesan	unterrühren und die Masse mit den Brokkoli-röschen vermengen.
	Die Gemüsemischung auf den Strudelblättern verteilen, mit
150 g Mozarellascheiben	belegen und einrollen, mit verschlagenem Ei bestreichen und fest zusammendrücken.
	Die Strudel mit flüssiger Butter bestreichen und bei 200° C ca. 30 Min. goldbraun backen.

Oben: Brokkolistrudel mit Käse (Rezept siehe Seite 81)
Unten: Topfen-Käse-Strudel (Rezept siehe Seite 86)

GEKOCHTER TOPFENSTRUDEL

Aus

250 g glattem Weizenmehl
3 EL Pflanzenöl
1 Ei
1/8 l Wasser
1 TL Essig

und

etwas Salz

einen Strudelteig kneten und 30 Min. rasten lassen.

500 g groben Topfen
80 g Butter
1 Ei
Salz

und

2 EL Schnittlauch

verrühren.

Den Strudelteig nicht zu dünn ausrollen, mit der Topfenfülle bestreichen, einrollen und gut zudrücken. Die Teigrolle in ca. 10 cm lange Stücke schneiden. Die Schnittstellen gut zudrücken.
Die Strudelstücke in reichlich kochendem Salzwasser ca. 15 Min. gar ziehen lassen.

Mit Butterbröseln und grünem Salat servieren.

GEMÜSESTRUDEL

1 Packung Blätterteig (300 g)	
500 g Gemüseallerlei	bißfest in Salzwasser kochen und gut abseihen.
	Aus
20 g Butter **10 g Mehl** **1/4 l Milch** **Salz, Pfeffer, Muskat**	eine Bechamelsauce bereiten. Diese mit
1 Ei	legieren, mit
3 EL geriebenem Emmentaler	verrühren und unter das Gemüse mengen.
100 g geröstete Brotwürfel oder Croutons	unterheben.
	Den Blätterteig laut Packungsvorschrift vorbereiten, mit der Gemüsemasse füllen und bei 180° C goldbraun backen.

KRAUTSTRUDEL

	Aus
250 g glattem Weizenmehl	
2 EL Pflanzenöl	
1 Ei	
1/8 l Wasser	
1 TL Essig	und
etwas Salz	einen Strudelteig kneten, 30 Min. rasten lassen.
500 g Weißkraut	feinnudelig schneiden. In
5 EL Pflanzenöl	
1 TL Zucker	bräunen, das Kraut dazugeben, mit
Salz, Pfeffer	würzen und mit wenig Wasser weich dünsten.
	Den Strudelteig dünn ausrollen, die Krautfülle darauf verteilen, einrollen, den Rand mit verschlagenem Ei bestreichen, gut zudrücken und bei 180° C ca. 35 Min. goldbraun backen.

TIP
Servieren Sie als Beilage Bratkartoffeln oder Schwammerlsauce!

Spinatstrudel mit Hüttenkäse

1 Packung Blätterteig (300 g)	
500 g Blattspinat	waschen, grob schneiden, in Salzwasser 3 Min. blanchieren und gut ausdrücken.
200 g Champignons	blättrig schneiden, mit
100 g Frühlingszwiebeln	in
2 EL Butter	andünsten und auskühlen lassen.
1 Ei	
100 g Hüttenkäse	und
2 EL Vollwertbrösel	zum Spinat geben, mit
Salz, Pfeffer	und
Muskat	abschmecken. Die Fülle auf dem Blätterteig verteilen, einrollen, mit Ei bestreichen und bei 180° C ca. 35–40 Min. braun backen.

TIP
Sie können der Fülle auch 2 EL Sonnenblumenkerne beimengen!

TOPFEN-KÄSE-STRUDEL

1 Packung Blätterteig (300g)

350 g Magertopfen	mit
100 g Schafkäsewürfel	
1 Ei	
1 EL Petersilie	
1 EL Schnittlauch	
1 EL Oregano	sowie
Salz, Pfeffer	verrühren. Die Masse auf den Teig streichen, einrollen, mit Ei bestreichen, mit einer Gabel einstechen und bei 180° C ca. 40 Min. goldbraun backen.

TIP
Als Beilagen empfehlen sich Tomaten- und grüner Salat!

Salate

Bohnensalat mit Kernöl und Kren

200 g getrocknete Käferbohnen	über Nacht in reichlich Wasser einweichen. Am nächsten Tag in Salzwasser weich kochen.
	Über die noch warmen, abgeseihten Bohnen
Kernöl	
Apfelessig	
etwas Wasser	
Salz, Pfeffer	und
1 EL geriebenen Kren (Meerrettich)	geben. Alles gut durchmischen und kalt stellen.

TIP
Richten Sie den Bohnensalat auf Vogerlsalat an!

Erbsenschotensalat

500 g süße Erbsen-schoten	in Salzwasser nicht zu weich kochen, abseihen und mit kaltem Wasser abschrecken.
1 mittelgroßen roten Apfel (entkernt und in dünne Scheiben geschnitten)	
100 g Walnußkerne	und die Erbsenschoten in eine Schüssel geben.
	Aus
3 EL fettarmer Mayonnaise	
5 EL Joghurt	und
2 EL geschnittenem Schnittlauch	eine Marinade bereiten. Diese über die Salatmischung gießen, gut vermengen und mit
Salz, Pfeffer	abschmecken.

FENCHELSALAT

1 große Fenchelknolle	halbieren, den Strunk entfernen und in feine Scheiben schneiden. Das Grün aufheben.
1 Birne	würfelig schneiden.
1 Orange	schälen und in feine Scheiben schneiden.
50 g Walnüsse	grob hacken. Alles miteinander vermengen.
Pfeffer aus der Mühle	darübermahlen.
	Aus
1 EL Weißweinessig	
1 Prise Salz	
1 TL Dijonsenf	
1 Prise Zucker	und
3 EL Olivenöl	eine Sauce rühren und über den Salat träufeln.
	Das Fenchelgrün fein hacken und über den Salat streuen.

TIP
Reichen Sie zum Salat hartgekochte Eier und Weißbrot!

GEMISCHTE BLATTSALATE MIT OLIVENÖLDRESSING

300 g gemischte Blattsalate (Häuptel-, Eichblatt-, Radicchio-, Lollo Rosso, Frisseesalat usw.)

waschen und gut abtropfen lassen. Am besten, Sie verwenden eine Salatschleuder.

Aus

3 EL Weinessig
1 TL Balsamicoessig
5 EL Olivenöl
Salz, Pfeffer
1 Prise Zucker
1 EL Schnittlauch

und

etwas Wasser

eine Marinade zubereiten.

Salat in einer Schüssel anrichten und erst vor dem Servieren mit der Marinade vermengen.

TIP
Wenn Sie Blattsalate besonders schmackhaft zubereiten wollen, rösten Sie in einer Pfanne Sonnenblumen- und Kürbiskerne ohne Fett an und bestreuen Sie damit die Salate vor dem Servieren!

GURKENSALAT MIT DILL

1 große Gurke	schälen, in dünne Scheiben schneiden, einsalzen und ca. 10 Min. stehen lassen, dann die überschüssige Flüssigkeit gut ausdrücken.
2 EL frischen Dill	fein schneiden.
1 große, gekochte, speckige Kartoffel	schälen und in Scheiben schneiden. Gurke, Dill und Kartoffel in eine Schüssel geben, mit
100 g Joghurt	sowie
100 g Sauerrahm	vermischen und mit
Salz, Pfeffer	vorsichtig abschmecken.

GURKENSALAT NACH GRIECHISCHER ART

1 große Gurke	schälen, grob raffeln, einsalzen und ca. 1 Stunde stehen lassen, die überschüssige Flüssigkeit gut ausdrücken. Mit
200 g Sauerrahm	
Salz, Pfeffer	sowie
2 zerdrückten Knoblauchzehen	würzen.

TIP
Versuchen Sie es anstelle des Sauerrahms mit Schafmilchjoghurt!

KARFIOL-BROKKOLI-SALAT

200 g Karfiol (Blumenkohl)	und
200 g Brokkoli	waschen, in Röschen zerteilen und diese in reichlich Salzwasser bißfest kochen, abseihen, kalt abschrecken und gut abtropfen lassen.
1 große Zwiebel	und
1 Bund Petersilie	fein hacken und in eine Schüssel geben. Mit
1 EL Estragonsenf	
1/2 TL Zucker	
Salz, Pfeffer	
5 EL Olivenöl	und
3 EL Weißweinessig	verrühren. Je nach Belieben mit
etwas Wasser	verdünnen. Karfiol und Brokkoli dazugeben und alles vermengen.

Gut durchziehen lassen und kalt stellen!

TIP
Sie können den Salat bereits am Vortag zubereiten oder als Vorspeise servieren!

KAROTTEN-AVOCADO-SALAT

150 g Sojabohnenkeimlinge **2 geraffelte große Karotten** **1 EL Sonnenblumenkerne**	und
2 EL Petersilie	in eine Schüssel geben.
2 EL Olivenöl **2 EL Zitronensaft** **1 EL flüssigen Honig**	sowie
1 zerdrückte Knoblauchzehe	verrühren und als Dressing über den Salat gießen.
1 Avocado	schälen, in dünne Scheiben schneiden und den Salat kurz vor dem Servieren damit belegen.

TIP
Avocados verfärben sich weniger, wenn sie mit Zitronensaft beträufelt werden!

Kartoffelsalat mit Nüssen und Joghurtdressing

1 kg speckige Kartoffeln	mit der Schale weich kochen, gut auskühlen lassen, schälen und in kleinere Würfel schneiden.
100 g Walnußkerne	grob hacken und zu den Kartoffeln geben.
	Aus
150 g Joghurt	
3 EL Sauerrahm	
Salz, Pfeffer	und
2 EL Schnittlauch	ein Dressing zubereiten, dieses über die Kartoffeln gießen und gut vermischen.

TIP
Stellen Sie den Salat mindestens eine Stunde lang kalt!

LÖWENZAHNSALAT MIT KARTOFFELN

400 g junge Löwenzahnblätter gut waschen und mundgerecht zerschneiden.

4 große speckige Kartoffeln in der Schale weich kochen und kurz auskühlen lassen.

In einer Salatschüssel

5 EL Apfelessig
5 EL Kürbiskernöl
1 zerdrückte Knoblauchzehe
Salz, Pfeffer sowie
etwas Wasser verrühren, abschmecken. Die Löwenzahnblätter und die noch warmen, geschälten, in Scheiben geschnittenen Kartoffeln dazugeben und alles vermengen.

Sofort servieren!

TIP
Garnieren Sie den Salat mit hartgekochten Eiern!

MAISSALAT MIT STANGENSELLERIE

250 g Maiskörner (aus der Dose)	
250 g Kidneybohnen (aus der Dose)	gut abtropfen lassen.
4 Stangensellerie	waschen und in mundgerechte Stücke schneiden.
100 g Joghurt	mit
2 EL fettarmer Mayonnaise	verrühren, mit
Salz, Pfeffer	würzen,
1 EL Petersilie	unterrühren und über die Gemüsemischung gießen. Den Salat gut durchziehen lassen!

Oben: Maissalat mit Stangensellerie (Rezept siehe Seite 96)
Unten: Spinatsalat mit Orangen (Rezept siehe Seite 100)

NUDELSALAT

250 g Makkaroni	in reichlich Salzwasser bißfest kochen, abseihen und kalt abschrecken.
4 Tomaten	achteln,
2 Zucchini	grob raffeln,
10 grüne Oliven (ohne Kerne)	in Scheiben schneiden und alles in eine Schüssel geben. Mit Kräuter-Joghurt-Dressing vermischen und ca. 30 Min. kalt stellen!

TIP
Statt der Oliven können Sie auch eine würfelig geschnittene Paprikaschote dazugeben!

Oben: Bananen-Schoko-Rum-Genuß (Rezept siehe Seite 103)
Unten: Erdbeertraum (Rezept siehe Seite 106)

ROTKRAUTSALAT

1 kleinen Rotkrautkopf	vom Strunk befreien, fein schneiden und in eine Schüssel geben.
200 ml Apfelessig	mit
1 Zimtstange	aufkochen, heiß über das Rotkraut gießen, zudecken und ca. 25 Min. abkühlen lassen. Dann das Kraut abseihen und die Zimtstange entfernen.
1 großen grünen Apfel	schälen, in kleine Würfel schneiden und mit
1 EL Zitronensaft	beträufeln.
100 g Champignons	waschen und in Scheiben schneiden.
1 kleine Zwiebel	fein hacken.
	Kraut, Apfel, Champignons und Zwiebel vermischen.
	Aus
1 EL Zitronensaft	
5 EL Joghurt	
1/4 TL Senf	und
Pfeffer	eine Marinade herstellen und mit den restlichen Zutaten kurz vor dem Servieren vermengen.

SELLERIE-APFEL-ROHKOST-SALAT

1 mittelgroße Sellerie-knolle	und
1 großen grünen Apfel	schälen und grob raffeln. Beides vermischen.
	Eine Sauce aus
1 EL Mayonnaise **3 EL Joghurt** **1 EL Zitronensaft** **Salz, Pfeffer, Zucker**	herstellen und über die Rohkost gießen.
	Alles gut vermengen und ca. 1 Stunde kalt stellen.

TIP
Ersetzen Sie den Apfel durch eine große, geriebene Karotte, und fügen Sie 2 EL Rosinen bei!

SPINATSALAT MIT ORANGEN

250 g frischen Blattspinat gut waschen, von den Stielen befreien, grob schneiden und sehr gut abtropfen lassen (Salatschleuder verwenden).

4 Frühlingszwiebeln waschen und in Ringe schneiden.
1 große Orange in Spalten teilen und filetieren.
50 g Mandelsplitter anrösten. Alles mit den Spinatblättern vermengen.

Aus

3 EL Olivenöl
2 EL Weißweinessig
1 TL Zitronensaft
1 Prise Zucker
Pfeffer, Salz und
1/2 TL würzigem Senf ein Dressing zubereiten, über den Salat gießen und ca. 30 Min. kalt stellen.

SÜSSES

APFEL-RHABARBER-STRUDEL

	Aus
250 g Weizenmehl	
2 El Pflanzenöl	
1 Ei	
1/8 l Wasser	
1 TL Essig	und
etwas Salz	einen glatten Strudelteig kneten.
	Diesen eine halbe Stunde rasten lassen.
	Inzwischen
5 große Äpfel	schälen und fein hobeln.
3 Stangen Rhabarber	waschen und in feine Stücke schneiden.
	Äpfel und Rhabarber in eine Schüssel geben.
4 EL Früchtemüsli	
2 EL Zucker	und
etwas Zimt	unterrühren.

Den Strudelteig so dünn wie möglich ausziehen, mit zerlassener Butter besprenkeln, die Fülle darauf verteilen, einrollen und mit Butter bestreichen.
Den Strudel auf ein mit Backpapier belegtes Blech geben und bei 180° C ca. 45. Min. goldbraun backen.

ÄPFEL NACH DEBBIE

4 große säuerliche Äpfel schälen, entkernen und in 2 mm dicke Scheiben schneiden. In einer Pfanne

2 EL Butter zerschmelzen und die Apfelscheiben darin ca. 6 Min. weich dünsten.
Die Äpfel in eine flache, feuerfeste Form geben.

100 ml Milch
50 g Weizenvollwert-mehl
50 g Zucker
3 Eier
3 EL Apfelbrand oder Rum und
1/4 TL Backpulver mit dem Mixer verrühren, über die Äpfel gießen, nach Geschmack mit Zimt bestreuen.

Im Backrohr bei 180° C ca. 45 Min. backen und noch warm servieren.

TIP
Servieren Sie dazu Vanilleeis!

BANANEN-SCHOKO-RUM-GENUSS

	Eine rechteckige feuerfeste Form mit Alufolie auskleiden und mit Öl bepinseln.
200 g Schokoladekekse	fein zerreiben und mit
100 g geschmolzener Butter	vermengen. Den Boden der Form damit bedecken und gut andrücken. Kalt stellen.
500 g feinen Topfen **4 EL Zucker** **2 große zerdrückte Bananen**	und
100 g geschmolzene Kochschokolade	verrühren.
5 Blatt Gelatine	nach Packungsvorschrift verflüssigen und mit der Creme verrühren. Diese über den Keksboden gießen und im Kühlschrank festwerden lassen.
	Vor dem Servieren in Stücke schneiden, mit Bananenscheiben und Schlagobers verzieren. Nach Belieben mit Eierlikör übergießen.

TIP
Am besten schmeckt die Nachspeise, wenn Sie diese bereits am Vortag zubereiten.

BESCHWIPSTE SPAGHETTI

250 g Spaghetti	bißfest kochen, abseihen, nochmals mit heißem Wasser übergießen, gut abtropfen lassen und warm stellen.
1 Becher Schlagobers	mit
2 EL Brandy	und
1 EL Staubzucker	verrühren, über die heißen Nudeln gießen, einmal unterheben und sofort servieren.

BIRNEN-DATTEL-DESSERT

4 große Birnen	schälen, entkernen und in Scheiben schneiden.
200 g Datteln	entkernen und vierteln. Birnen und Datteln vermischt in eine feuerfeste Form geben. Mit
150 ml Orangensaft	übergießen und mit
1 EL Zucker und Zimt	bestreuen.
100 g Butter	mit
150 g Weizenvollwertmehl	
50 g Zucker	
30 g Haferflocken	und
etwas Zimt	zu Streusel verarbeiten, diesen auf die Birnen-Dattel-Mischung verteilen.
	Bei 180° C ca. 30 Min. im Rohr backen und noch heiß servieren.

ERDBEERCREME

450 g frische Erdbeeren	waschen, einige schöne davon beiseite legen. Die restlichen mit
400 g mittelfestem Tofu	
dem Saft einer Zitrone	
3 EL Honig	und
1 TL Vanillezucker	im Mixer pürieren.
	Gut gekühlt und mit den ganzen Früchten dekoriert servieren!

ERDBEER-MANDARINEN-RHABARBER-SPEISE

1 Dose Mandarinen-spalten	öffnen, die Früchte abseihen und den Saft in einen Topf geben. Dann
500 g Rhabarber-stücke	und
1/2 TL Ingwerpulver	dazugeben. Den Rhabarber unter Rühren ganz weich kochen, mit
2 EL Honig	süßen und abkühlen. Danach
2 EL Joghurt	und die Mandarinenspalten vorsichtig unterheben. Mit
250 g Erdbeeren	(gewaschen und geviertelt) bestreuen. Kalt stellen. Vor dem Servieren mit Puderzucker bestreuen und Schokoraspeln darüber verteilen.

ERDBEERTRAUM

Eine runde Glasschüssel mit in 1 cm dick geschnittenen Scheiben einer

Biskuitroulade

auslegen (Boden und Rand).

Mit

Marsala oder süßem Sherry

beträufeln.

Den Boden mit

frischen Erdbeeren

belegen.

1 Pkch. Vanillecreme

laut Packungsanweisung zubereiten, mit

3 Blättern Gelatine

(aufgelöst laut Packungsanleitung) vermischen.

Die Vanillecreme über die Erdbeeren geben, glattstreichen, mindestens 2 Stunden kalt stellen.

Vor dem Servieren dicht mit Erdbeeren belegen und mit Schokoflocken bestreuen. Schlagobers extra dazu reichen.

TIP

Wenn Sie den Erdbeertraum für Kinder zubereiten, ersetzen Sie den Marsala oder Sherry durch Orangensaft!

FRÜCHTE MIT HONIGBAISER-HAUBE

400 g frische Pfirsiche mit heißem Wasser überbrühen, die Haut abziehen, entkernen und in Spalten schneiden.

200 g Himbeeren verlesen.

Das Backrohr auf 200° C vorheizen.

Aus

3 Eiweiß

1 Prise Salz einen festen Schnee schlagen. Nach und nach

2 EL braunen Zucker und

3 EL flüssigen Honig einrühren.

Die Früchte in eine befettete Auflaufform geben und ca. 5 Min. im Rohr vorgaren.
Die Schneemasse mit einem Löffel gleichmäßig über die Früchte verteilen und bei gleicher Temperatur ca. 10 Min. backen, bis die Baisermasse gebräunt ist.

Sofort servieren!

GEORGS ENTZÜCKEN

	Pro Person benötigen Sie eine Dessertschale.
	Jede Schale mit
Biskotten	auslegen und diese mit
süßem Sherry	oder
Orangenlikör (für Kinder Orangensaft)	beträufeln.
	Die Biskotten mit
frischen Früchten	belegen und mit
Gelee (Wackelpudding)	übergießen. Bei der Früchteauswahl sollten Sie bedenken, daß bestimmte Früchte das Festwerden des Gelees verhindern. Beachten Sie die Hinweise auf der Packung!
	Kalt stellen. Wenn das Gelee fest ist, wird eine
feste Vanillecreme	darübergegeben.
	Mit Schlagobers und Schokospänen servieren und einfach genießen!

HIRSEAUFLAUF MIT ÄPFELN UND ROSINEN

120 g Hirse	in
1/2 l Milch	und
etwas Salz	aufkochen und zugedeckt ausdünsten lassen.
2 Äpfel	schälen, entkernen und in feine Stücke schneiden.
3 EL Rosinen	waschen und in
etwas Rum	marinieren.
	Aus
50 g Butter	
50 g Zucker	und
3 Eidottern	einen Abtrieb machen. Diesen mit den Äpfeln und Rosinen zur gekochten Hirse geben.
	Zum Schluß den Schnee von
3 Eiklar	vorsichtig unterheben. Die Masse in eine befettete, feuerfeste Form geben, glattstreichen und bei 180° C ca. 40–50 Min. goldbraun backen.
	Dazu paßt am besten Zwetschkenröster!

HOLUNDERSTRAUBEN

Aus

220 g Weizenvollwertmehl
50 g Staubzucker
2 Eiern
300 ml Milch

sowie

etwas Salz

einen Teig rühren.

25 Stück Holunderblüten

säubern. Eine nach der anderen in den Teig eintauchen und in

Pflanzenfett

schwimmend lichtbraun herausbacken.

Auf Küchenpapier abtropfen lassen und mit Staubzucker bestreut servieren!

TIP
Verwenden Sie die Friteuse zum Herausbacken!
Zu Holunderstrauben schmeckt Zwetschkenröster besonders gut!

HONIGNUDELN

250 g Makkaroni	in
Milch	weich kochen.
3–4 EL Honig	dazugeben.
1 TL grob gemahlene Kardamomkörner	darüberstreuen und durchrühren.
	Die Nudeln leicht auskühlen lassen und
6 EL Crème fraîche	unterheben.
	Mit feingeriebener Zitronenschale servieren.

INGWEREIS

200 g Sahne	steif schlagen.
50 g flüssigen Honig	unterrühren.
	Mit
100 g Ingwerkonfitüre	vermengen und in einen Tiefkühlbehälter füllen.
	Mindestens 6–7 Stunden gefrieren lassen.
	Mit Schokosauce servieren!

KALTE KOKOS-TOPFEN-TORTE

Am Vortag zubereiten und unbedingt über Nacht im Kühlschrank aufbewahren!

	Eine Springform von 23 cm Durchmesser ausfetten.
200 g Vollwertbutter-kekse	fein zerreiben, mit
3 EL Kokosflocken	
1 EL Zucker	
etwas Zimt	sowie
125 g geschmolzener Butter	vermengen und diese Mischung gut in die Springform drücken. Kalt stellen.
500 g feinen Mager-topfen	
1 EL Zitronensaft	
2 EL Orangenlikör	
100 ml Schlagobers	
3 EL Staubzucker	und
3 EL Kokosflocken	gut verrühren.
6 Blatt Gelatine	nach Packungsvorschrift verflüssigen und unter die Topfenmasse heben. Diese in die Tortenform gießen und über Nacht im Kühlschrank festwerden lassen.

Zart mit Zimt bestreut servieren.

KIRSCHENSCHMARREN

3 Eidotter	mit
30 g Zucker	schaumig rühren.
Salz	
100 g Weizenmehl	
50 g Weizenvollwert-mehl	
ca. 1/4 l Milch	und
etwas Backpulver	dazugeben, so daß ein dickflüssiger Teig entsteht.
400 g entkernte Kirschen	unter den Teig rühren. Dann den Schnee von
3 Eiklar	unterheben.

Ein Drittel des Schmarrenteiges in eine Pfanne mit Butter gießen, eine Seite hellbraun backen, umdrehen, mit der Gabel in Stücke reißen, schön braun backen und beiseite geben. Diesen Vorgang noch zweimal wiederholen.
Zum Schluß alles in die Pfanne geben, zudecken und bei schwacher Hitze ca. 5–8 Min. ausdünsten lassen.

Mit Zucker bestreut servieren.

NUSSNUDELN MIT SCHOKOSAUCE

250 g Spiralnudeln	in reichlich Salzwasser bißfest kochen, abseihen und gut abtropfen lassen.
150 ml Schlagobers	mit
3 Eiern	
70 g Zucker	
1 Pkch. Vanillezucker	
1 EL geriebener Zitronenschale (unbehandelt)	
100 g geriebenen Walnüssen	und
1/2 TL Zimt	verrühren.
	Nudeln in eine flache, befettete, feuerfeste Form geben und den Abtrieb darübergießen. Mit
2 EL geriebenen Walnüssen	bestreuen und
Butterflöckchen	daraufsetzen.
	Bei 200° C ca. 20 Min. goldbraun überbacken.
	Mit Schokosauce servieren.

REISSCHMARREN

1/8 l Milch	mit
1/8 l Schlagobers	und
1 Eidotter	gut verrühren.
200 g gekochten Vollwertreis	
3 EL Mehl	und
Salz	untermengen.
3 EL Rosinen	und
3 EL gehackte Mandeln	dazugeben. Zuletzt den Schnee von
1 Eiweiß	unterheben.
	In einer Pfanne
2 EL Butter	zerlassen, die Masse hineingießen, auf einer Seite goldbraun backen, wenden, mit einer Gabel auseinanderreißen und fertigbacken. Zugedeckt ca. 5 Min. ausdünsten lassen.
	Mit Schokosauce oder Ahornsirup und Zimtzucker servieren.

TIP
Besonders gut schmecken dazu Apfelmus oder Kirschensauce!

Rotweinfrüchte mit Schlagobers

200 g entkernte Dörrpflaumen	und
200 g entkernte Dörrbirnen	in
1/4 l Rotwein	mit
2 EL Honig	zugedeckt ca. 40 Min. köcheln lassen. Die Früchte herausnehmen und den Rotwein noch etwas einkochen lassen.
	Die abgekühlten Früchte auf Dessertteller verteilen, mit
geschlagenem Obers	verzieren, mit
gehackten Pistazienkernen	bestreuen und den abgekühlten Rotweinsirup darüberträufeln. Mit Schlagobers und Schokospänen servieren!

TIP
Servieren Sie im Sommer Schokoladeneis dazu!

TIRAMISU-EIS

200 g Mascarpone	mit
3 EL sehr starkem Kaffee (Löskaffee zubereiten)	
3 EL Staubzucker	
3 EL Mandellikör	und
10 zerbröselten Biskotten	verrühren. Die Masse in einen flachen Tiefkühlbehälter füllen und 5-6 Stunden gefrieren lassen.

Das fertige Eis in Würfel schneiden und, mit Kakao besiebt, servieren.

TOPFENKNÖDEL

2 Eier	mit
2 EL Pflanzenöl	gut abtreiben.
3 EL Vollwertweizengrieß	
2 EL Brösel	
etwas Salz	und
500 g Speisetopfen	unterrühren. Alles 30 Min. rasten lassen. Kleine Knödel formen und diese in Salzwasser ca. 15 Min. bei schwacher Hitze gar kochen.

Mit Butterbröseln bestreuen und Kompott dazu reichen.

TOPFENPALATSCHINKEN

Aus

2 Eiern
300 ml Milch
200 ml Mineralwasser
100 g Weizenvollwertmehl
100 g Weizenmehl

und

etwas Salz

einen Palatschinkenteig rühren und 10 Min. rasten lassen. Dann in einer Pfanne Palatschinken backen.

Für die Fülle

300 g Topfen
50 g Butter
50 g Zucker
1 Pkch. Vanillezucker
etwas Zitronensaft

und

3 EL Rosinen

verrühren.

Die Palatschinken damit füllen, einrollen, in eine feuerfeste, befettete Form schichten und bei 180° C ca. 10 Min. überbacken.

ZITRONENSOUFFLÉ

	Backrohr auf 170° C vorheizen.
5 Eidotter	mit
90 g Zucker	sehr schaumig rühren. Den
Saft 1/2 Zitrone	und die
abgeriebene Zitronenschale (unbehandelt)	dazugeben. Den Schnee von
5 Eiklar	vorsichtig unterheben.

Eine runde, feuerfeste Form ausfetten, mit Kristallzucker bestreuen. Bei ca. 170° C 25–30 Min. backen. In der Mitte sollte die Masse aber noch cremig bleiben.

Das Soufflé sofort servieren!

TIP
Besonders gut schmeckt das Soufflé mit Himbeer- oder Erdbeerpüree!